Nathalie
und
Stinki

Text von Stefanie Blank

Illustrationen von Viktor Jungkind

PRESSEL
Verlag und Digitaldruck

Von erfahrenen Kinderärzten empfohlen:

Gemeinschaftspraxis
Dr. med. Rolf Bauer, Dr. med. Hartmut Vogel
Dr. med. Beate Schneider
Fachärzte für Kinder- und Jugendmedizin
Am Hochgericht 13, 91154 Roth, Tel. 09171 / 87584, Fax 09171 / 87586

Frau Blank hat unter dem Eindruck eigener Erfahrungen mit ihrer Tochter diese schöne Bildergeschichte zu dem weniger schönem, aber recht häufigen Problem der Verstopfung im Kleinkindesalter geschaffen.

Sie erklärt auf gut verständliche und prägnante Weise soviel wie Kinder im Kindergartenalter von diesem Leiden verstehen und verarbeiten können. Es erscheint alles in positiver Darstellung, der erhobene Zeigefinger fehlt glücklicherweise.

Es ist Frau Blank zu raten, die Geschichte anderen Eltern mit gleichen Problemen bei ihren Kindern zugänglich zu machen.

Dr. med. Rolf Bauer

Roth, 10.11.2004

ISBN 978-3-937950-19-8

Stefanie Blank
Nathalie und Stinki

1. Auflage 2007

Copyright © Stefanie Blank

Bestelladresse:
Stefanie Blank
Eichenweg 7, 71404 Korb
E-Mail: stefanie.blank@arcor.de
Internet: www.stuhlgangprobleme.de

Illustrationen:	Viktor Jungkind
Umschlaggestaltung, Satz & Layout:	Sigrid Pressel
Druck und Weiterverarbeitung:	PRESSEL Digitaldruck, Remshalden
Erschienen im:	PV - PRESSEL Verlag, Remshalden www.pressel.de

Nathalie ist gerade 3 geworden und seit 2 Tagen braucht sie keine Windel mehr. Darüber freuen sich ihre Eltern ganz besonders. Nathalie ist ganz stolz, dass sie mit Hilfe ihres kleinen Stuhles sogar auf das große Klo gehen kann. „Das ist doch babyleicht!" meint Nathalie.

„Heute ist so schönes Wetter" ruft Nathalie's Mama, „willst Du nicht mit Lena draußen spielen?" Nathalie rennt und zieht schnell ihre Schuhe an. Draußen im Garten wartet Lena bereits. Sie wohnt gleich neben Nathalie und hat es nicht weit zu ihr. „Wollen wir Ball spielen?" fragt Nathalie. „Au ja, ich bin der Tormann!" freut sich Lena. Nach einer Weile setzen sich die beiden ins Gras um etwas zu verschnaufen.

Da meldet sich auf einmal jemand in Nathalie's Bauch. Es ist Stinki. „Ich will raus!" ruft er und klettert nach unten. Nathalie bemerkt das, aber ... „Ich will jetzt lieber mit Lena spielen, ich mag jetzt nicht auf's Klo gehen", meint Nathalie trotzig und drückt ihre Pobacken zusammen, so dass Stinki wieder nach oben klettern muss. Stinki muss weinen. „Die Nathalie sperrt mich ein und lässt mich nicht raus und es ist doch so dunkel hier drin und so trocken", schluchzt er.

Am nächsten Tag scheint wieder die Sonne und es ist so warm, dass Nathalie und ihre Eltern ins Freibad fahren. „Sieh mal Nathalie, wer da noch im Freibad ist", sagt ihre Mama. Lena war auch mit ihren Eltern und ihrer größeren Schwester Sabrina da. „Komm ins Wasser Nathalie, wir spielen Froschhüpfen im Planschbecken!" schreit Lena ihr zu. Beim Herumhüpfen meldet sich wieder Nathalie's Stinki. „Was ist denn hier los? Aua, mein Kopf!" wundert sich Stinki, der in ihrem Bauch durch das Hüpfen hin und her geworfen wird.

Stinki versucht schnell nach unten zu rutschen. „Hoffentlich lässt Nathalie mich heute raus, ich möchte auch schwimmen im Wasser", denkt er sich. Nathalie, die gerade mit Lena und Sabrina zur Wasserrutsche laufen will merkt, dass Stinki wieder anklopft. „Oh nein, doch nicht jetzt, ich will doch rutschen!" seufzt Nathalie und zwickt schnell ihr Pobacken wieder zusammen. Stinki muss also wieder nach oben klettern und Tränen kullern ihm über seinen Bauch. Er wäre doch so gerne auch ins Wasser gesprungen und so langsam wird es eng in Nathalie's Bauch, denn er ist seit gestern ein ganzes Stück größer geworden.

Am Abend, als Nathalie mit ihren Eltern wieder Zuhause ist, macht sich ihre Mama gleich daran den Abendbrottisch zu decken. Und als Nathalie gerade ihrem Papa helfen will, die nassen Badesachen aufzuhängen … „Aua, mein Bauch tut so weh, aua aua", jammert Nathalie und verschränkt die Arme vor ihren Bauch. „Was hast du denn?" fragt ihr Papa ganz erschrocken. „Ich weiß nicht. Mein Bauch tut mir so weh!" sagt Nathalie. Da ruft ihre Mama: „Der Tisch ist gedeckt, kommt alle essen." Nathalie setzt sich auf ihren Stuhl und hat vor lauter Bauchschmerzen gar keinen Hunger mehr.

Als Nathalie dann in ihrem Bett liegt, setzt sich ihre Mama zu ihr hin und meint: „Ich weiß warum du Bauchschmerzen hast. Ich habe bemerkt, dass du deinen Stinki seit Tagen einsperrst und nicht heraus lässt. Du musst wissen," sagt sie und schaut Nathalie streng an, „wenn du Stinki nicht heraus lässt, ist er irgendwann so groß, dass er keinen Platz mehr hat in deinem Bauch und dann tut's dir weh!" Ihre Mama knipst das Licht aus und Nathalie liegt in ihrem Bett und denkt:"Wenn ich jetzt Stinki ganz schnell in die Windel drücke, hab' ich keine Bauchschmerzen mehr und Mama muss noch mal kommen."

Nathalie braucht zum Schlafen noch eine Windel, weil sie es nachts nicht bemerkt, wenn sie auf's Klo muss. Sie versucht Stinki in die Windel zu drücken, aber so sehr sie sich auch anstrengt, es klappt einfach nicht. Aber warum? Stinki sitzt in Nathalie's Bauch und merkt, dass sie ihn in die Windel drücken möchte. aber da spielt Stinki nicht mit. „Ich will doch schwimmen und nicht in eine trockene Windel gepresst werden", meint er empört. Vor lauter Anstrengung schläft Nathalie dann doch ein.

Am Morgen wacht Nathalie wieder mit Bauchschmerzen auf. Stinki ist inzwischen riesengroß geworden und hat überhaupt keinen Platz mehr in ihrem Bauch. „Jetzt versuche ich es noch mal, jetzt muss sie mich einfach rauslassen", sagt Stinki, klettert nach unten und fängt an heftig zu klopfen. Nathalie putzt gerade ihre Zähne und bemerkt das heftige Klopfen von Stinki.

Schnell zieht sie sich ihre Windel aus und klettert auf ihren Kinderstuhl, um sich auf's „große" Klo zu setzen. Sie presst die Lippen fest zusammen und drückt so stark, dass sie einen roten Kopf bekommt. Plötzlich macht es „Flop, Platsch" und Stinki springt vergnügt ins Wasser. Nathalie hüpft auf: „Hurra, ich hab es geschafft!" Ihre Mama hört das und kommt gleich ins Badezimmer herein. „Toll hast du das gemacht, jetzt kann Stinki wieder lachen und deine Bauchschmerzen sind auch vorbei", freut sich ihre Mama.

Nathalie isst am Frühstückstisch gleich ein ganzes Brötchen auf, so einen großen Hunger hat sie. „Ab heute werde ich meinen Stinki nie wieder einsperren", meint Nathalie zu ihrer Mama. Und von diesem Tag an musste kein Stinki mehr in Nathalie's Bauch weinen und auch Nathalie bekam nie wieder Bauchschmerzen.